DAS ETHNO KOCHBUCH

DAS ETHNO KOCHBUCH

Powerfood aus ursprünglichen Zutaten

60 Rezepte der amerikanischen Ureinwohner

Karolina Przybylska

EMF

EIN BUCH DER
EDITION MICHAEL FISCHER

INHALT

KLEINE ORIENTIERUNG

Vegetarisch

Vegan

Fisch

Fleisch

Yukon
Arktischer Ozean
ARKTIS
Mackenzie River
SUBARKTIS
Hudson Bay
Gitksan
Peace
NORD-
WESTKÜSTE
Cree
Blackfoot
Flathead
WALDLAND
Saguenay River
Pazifischer
Ozean
Hidatsa
Irokesen
PLATEAU
Missouri River
Columbia River
NORDOSTEN
Tlingit
Bannock
Cheyenne
Chippewa
PRÄRIE
UND
PLAINS
Hoopa
Ute
Algonkin
KALI-
FORNIEN
GROßES
BECKEN
Arkansas River
Mississippi River
Colorado River
Cherokee
Navajo
SÜDOSTEN
Pomo
Atlantischer
Ozean
Choctaw
Papago
Zuni
Creek
Pueblo
Apache
SÜDWESTEN
Golf von Mexiko
Aztec

EINFÜHRUNG

GESCHICHTE

Die Esskultur der amerikanischen Urstämme ist sehr abwechslungsreich und vielen Menschen ist nicht bewusst, was wir ihr alles zu verdanken haben. Der größte Teil unserer Nutzpflanzen, nämlich über 60 %, wurde schon damals von den amerikanischen Ureinwohnern angebaut. Vieles, was wir in Gärten und auf Feldern anpflanzen wie Tomaten, Kartoffeln, Bohnen, Mais und Kürbisse, haben wir uns bei den Native Americans abgeschaut. Schon die Hochlandstämme haben Hunderte von Kartoffelarten angepflanzt, die für uns in Europa so wichtig geworden sind.

Die Ernährung der Ureinwohner war sehr unterschiedlich, je nach der Region, in der sie lebten. Während an den Küsten viel Fisch verzehrt werden konnte, war in den Wüstenregionen Hunger an der Tagesordnung, da dort selbst der Ackerbau nicht möglich war. Dort, wo das Klima nicht so hart war, gab es eine größere Auswahl an Tieren für die Jagd, etwa Waldbüffel, Hirsche, Bären, Kaninchen, Bisons und Elche. Auch an essbaren Pflanzen, Samen, Nüssen, Früchten und Wurzeln mangelte es dort nicht.

Im Süden, nahe des heutigen Mexikos gab es die bekannteste Form des Ackerbaus, genannt die „Drei Göttlichen Schwestern", also Mais, Bohnen und Kürbis. Auf einem Hügel wurde in der Mitte Mais angepflanzt, später wurden drumherum die Bohnen hinzugesetzt. Zum Schluss kamen die Kürbissamen. Der Mais diente den Bohnen als Klettergerüst und die Blätter des Kürbisses schützten die Bohnen vor Regen und Unwetter.

Ein beliebtes Würzmittel war der Ahornsaft. Er wurde mit vielen Speisen kombiniert, zum Beispiel mit Mais, der zu einem köstlichen, süßen Brei verarbeitet wurde. Erhitzt wurde dieser in schweren Trögen aus Speckstein. Die Methode einer ausgeschlagenen Grube, die mit heißen Steinen gefüllt wurde, war ebenfalls beliebt. Selbst das Salz ist den amerikanischen Ureinwohnern bereits bekannt gewesen und wurde aus Meerwasser gewonnen. Wilder Knoblauch, Beeren und Kräuter rundeten jede Mahlzeit ab.

Geregelte Essenszeiten kannten die Ureinwohner nicht. Im Sommer kochten sie draußen und im Winter im Zelt. Wenn Besuch kam, servierten sie nur das Beste, Gastfreundlichkeit wurde groß geschrieben. Bei Festlichkeiten wurde gerne Truthahn oder Wildfleisch serviert. Möhren und Gurken standen ebenso wie Kürbisblüten und milde Chilischoten auf dem Speiseplan. So wie unsere europäische Küche hat auch die mexikanische Küche ihre Wurzeln im Essen der amerikanischen Ureinwohner. So wurden schon damals Vorläufer von Tacos, Tortillas und Tamales gekocht.

PRAXIS

In diesem etwas anderen Kochbuch finden Sie Rezepte für Fleisch- und Fischliebhaber, Vegetarier und Veganer. Alle Gerichte sind aus natürlichen Zutaten, so wie die amerikanischen Ureinwohner sie gesammelt, gejagt oder angebaut haben. Die Kapitel sind nach den Regionen benannt, die die nordamerikanischen Ureinwohner bewohnten und zum Teil heute noch bewohnen und enthalten Gerichte von Stämmen der jeweiligen Region.

Da die Rezepte in diesem Buch Originalrezepte der verschiedenen Stämme Amerikas sind, kommen natürlich Zutaten vor, die man heutzutage nicht überall bekommt. Grundsätzlich gilt, da die mexikanische Küche ja viele Elemente der Urvölker übernommen hat, dass mexikanische Feinkostgeschäfte (auch online, z. B: www.holamexico.de) eine gute Anlaufstelle für einige der außergewöhnlichen Zutaten sind: Maismehl, Hominy, Kaktusblätter und -feigen, schwarze Bohnen, Maisblätter und mehr kann man hier finden. Reh-, Büffel- und Bisonfleisch lassen sich in den Rezepten durch Rind ersetzen. Die Rezepte der amerikanischen Ureinwohner folgen keiner genauen Wissenschaft, Sie können sie gerne abwandeln, ergänzen und Ihrem persönlichen Geschmack anpassen. Einige Kombinationen sind für unseren Gaumen etwas ungewöhnlich, aber auf jeden Fall einen Versuch wert!

DER SÜDOSTEN

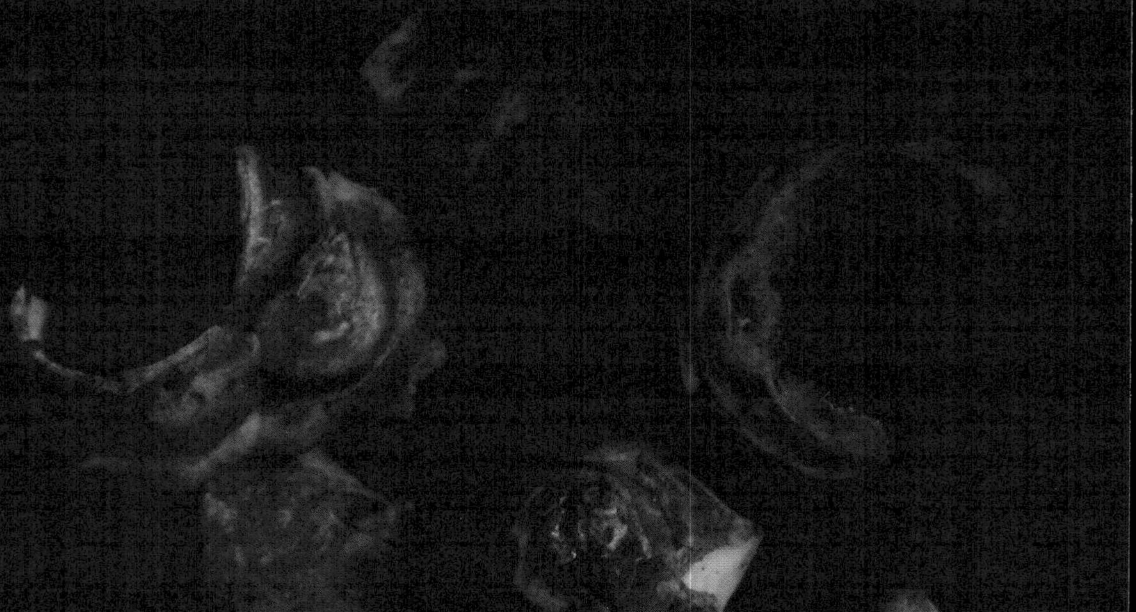

HOMINY-OMELETT

Hominy besteht aus gekochtem und geschältem Mais. Es ist in den USA und Mexiko noch heute ein wichtiger Bestandteil vieler Gerichte. Bei den amerikanischen Ureinwohnern wurde das Hominy gebraten, frittiert, geschmort, mit Fleisch und Fisch vermischt, in Puddings oder Omelettes verarbeitet.

FÜR 4 PERSONEN

250 g Hominy
2 Frühlingszwiebeln
2–3 EL Schmalz oder Butter
4 Eier
Salz
Pfeffer, frisch gemahlen

ZUBEREITUNG

Die Hominy über Nacht in reichlich Wasser einweichen. Auf mittlerer Stufe in einem Topf 1 Stunde köcheln, bis diese schön weich sind. Die Frühlingszwiebeln putzen, die Enden entfernen und den Rest in feine Scheiben schneiden. In einer schweren Pfanne den Schmalz oder die Butter gut erhitzen. Bei mittlerer Temperatur das abgetropfte Hominy und die Zwiebeln darin leicht anbraten. Eier in einer Schüssel verquirlen und mit Salz und Pfeffer nach Geschmack würzen. Die Masse in die Pfanne geben und alles umrühren. Auf beiden Seiten goldgelb braten und genießen.

TIPP

Zu kaufen gibt es Hominy in der Dose oder getrocknet im mexikanischen Feinkostgeschäft oder online.

MAISPUFFER DER NATCHEZ

Diese kleinen Puffer waren bei vielen Stämmen ein fester Teil der Ernährung, auch weil sie sich gut zum Mitnehmen eignen. Es gibt unzählige Varianten dieses Gerichts. Traditionell wurden sie früher auf kleinen Steinen gebacken.

FÜR 4 PERSONEN

4–5 frische Maiskolben
3 Eier
1 TL Salz
2 EL Schnittlauchröllchen
4 EL Maismehl

AUSSERDEM

Maisöl zum Braten

ZUBEREITUNG

Zuerst die Maiskolben etwa 15 Minuten in reichlich Wasser kochen, bis diese weich sind. Nach dem Kochen abkühlen lassen. Mit einem Messer die Körner vom Kolben trennen. In einer Schüssel die Maiskörner, Eier, Salz und Schnittlauch gut vermischen. Mit Maismehl bedecken und verrühren, bis ein Backteig entsteht. In einer Gusseisenpfanne etwas Öl erhitzen und die Puffer von jeder Seite 2 Minuten braten.

SÜSSKARTOFFEL-KÜCHLEIN DER CATAWEBA

Die Süßkartoffel ist in Deutschland noch gar nicht so lange verbreitet, obwohl sie global gesehen eines der wichtigsten Lebensmittel ist. Die Ureinwohner nannten sie „Batate".

FÜR 4 PERSONEN

2 große Süßkartoffeln
2 Eier
60 g Maismehl
1 TL Salz
½ TL gemahlener Pfeffer

AUSSERDEM

Maisöl zum Braten

ZUBEREITUNG

Die Süßkartoffeln schälen, in einen Topf mit reichlich Wasser geben und etwa 15 Minuten kochen. Das Wasser abgießen und die Kartoffeln mit einer Gabel oder einem Stampfer zerdrücken. Eier, Mehl, Salz und Pfeffer dazugeben und gut vermischen. Aus der Masse 10–12 Küchlein formen und in einer Pfanne mit etwas Maisöl von jeder Seite bräunen. Heiß schmecken die Küchlein mit etwas Butter oder Honig sehr gut!

SCHWARZBOHNEN-KÜCHLEIN

FÜR 4 PERSONEN

250 g getrocknete schwarze Bohnen
2 Frühlingszwiebeln
180 g Maismehl
2 Eier
2 TL Salz

AUSSERDEM

Maisöl zum Braten

ZUBEREITUNG

Die schwarzen Bohnen sollten über Nacht eingeweicht werden. Am nächsten Tag mit reichlich Wasser in einem Topf 60 Minuten kochen. In der Zwischenzeit die Frühlingszwiebeln putzen und klein schneiden. Die Bohnen abtropfen lassen und zusammen mit 180 ml Wasser, Mehl, Eiern, Salz und den Frühlingszwiebeln in eine Schüssel geben und gut vermischen. Aus dem Teig 10–12 Küchlein formen und in einer schweren Pfanne mit etwas Öl von jeder Seite 2 Minuten braten.

TOMATEN-PUFFER

FÜR 4 PERSONEN

400 g Tomaten
125 g Maismehl
1 TL Salz
Pfeffer, frisch gemahlen

AUSSERDEM

Maisöl zum Braten

ZUBEREITUNG

Die Tomaten mit heißem Wasser überbrühen, abgießen und abkühlen lassen. Die abgekühlten Tomaten nun häuten, entkernen und in kleine Würfel schneiden. Mit dem Maismehl und den Gewürzen in einer Schüssel verrühren und 10–12 Puffer daraus formen. Bei mittlerer Hitze in einer Pfanne 2 Minuten von jeder Seite goldbraun braten. Sehr gut schmecken diese Puffer auch, wenn man Schnittlauchröllchen mit in den Teig gibt!

TOPINAMBUR NACH ART DER CHEROKEE

Anfang des 17. Jahrhunderts brachten Seefahrer die Knolle nach Europa, von dort verbreitete sie sich schnell und galt lange Zeit als Delikatesse. Der Name ***Topinambur*** *stammt vom amerikanischen Volk Tupinamba ab. Mit seinem fein-nussigen Geschmack passt das Gemüse sehr gut zu Salaten, kann aber auch gekocht oder gegrillt werden.*

FÜR 4 PERSONEN

500 g Topinambur
120 ml Apfelessig
4 EL Honig
½ TL Senfkörner
½ TL Dillsamen
200 g Blattsalat
3 Zweige Dill

ZUBEREITUNG

Die Topinambur mit einer Bürste säubern, schälen und in etwa 5 mm dicke Streifen schneiden. In einem Topf etwas Wasser erhitzen. Die Scheiben im Sprudelbad 2 Minuten blanchieren und zur Seite stellen. Apfelessig, Honig und die Gewürze in einem anderen Topf erhitzen und kurz aufkochen lassen. Die fertige Marinade über die Topinamburscheiben geben und im Kühlschrank etwa 1 Stunde ziehen lassen. Die Vorspeise mit Salatblättern und frischem Dill anrichten. Nach Belieben mit einem Tomaten-Chili-Relish servieren (Rezept auf Seite 87).

HOMINY-SUPPE NACH ART DER CHOCTAW

Im Südwesten der USA und auch in Mexiko wird Hominy „Pozole" genannt. Übersetzt heißt das „Mais kochen". Es handelt sich aber nicht nur um die Zutat, sondern auch um eine traditionelle Suppe, die hier ihren Ursprung fand.

FÜR 4–6 PERSONEN

1 Zwiebel
150 g geräucherter Speck
Etwas neutrales Öl
225 g gekochte Hominy
½ l Buttermilch
Salz
Pfeffer, frisch gemahlen
1 EL Dill

ZUBEREITUNG

Die Zwiebel schälen und fein hacken. Den Speck in einem Topf bei mittlerer Temperatur mit etwas neutralem Öl anbraten. Wenn dieser schön knusprig ist, das übrig gebliebene Öl abgießen und die Zwiebelwürfel im Topf anschwitzen. Wenn die Zwiebeln sich leicht bräunlich verfärben, die Hominy hinzugeben und 5 Minuten bei mittlerer Temperatur braten. Mehrmals umrühren, damit das Ganze nicht anbrennt. Den Herd auf die niedrigste Temperatur stellen und die Buttermilch langsam einrühren. Mit Salz und Pfeffer nach Geschmack würzen und etwa 5 Minuten erhitzen. Dabei darauf achten, dass die Suppe nicht aufkocht. Mit Dill bestreuen und sofort servieren.

HÜHNERSUPPE MIT PEKANNÜSSEN

Das amerikanische Urvolk Natchez nannte den Monat Februar „Nussmond“. In dieser Zeit wurden die Vorräte knapp, doch Nüsse und Samen sorgten für das Überleben der Menschen. Diese leckere Suppe mit Hühnchen und Pekannüssen ist im Winter sicher auch jetzt noch heiß begehrt!

FÜR 4–6 PERSONEN

1 Karotte
1 Zwiebel
2 Stangen Sellerie
1 Knoblauchzehe
1 Suppenhuhn
1 TL Cayennepfeffer
Salz
100 g Pekannüsse
1 Bund Dill

ZUBEREITUNG

Das Gemüse gründlich putzen und klein schneiden. Den Knoblauch halbieren und zusammen mit dem Gemüse und dem Huhn in einen Topf geben. Das Ganze mit Wasser auffüllen und mit etwas Cayennepfeffer und Salz würzen. Zugedeckt bei mittlerer Temperatur etwa 2 Stunden kochen lassen, bis das Fleisch weich ist und sich leicht vom Knochen lösen lässt. Nach der Garzeit das Huhn häuten, das Fleisch lösen und zurück in den Topf geben. Die Pekannüsse halbieren, den Dill klein hacken und dazugeben. Nun einige Minuten bei kleiner Temperatur ziehen lassen.

GEBACKENE SÜSSKARTOFFELN MIT NUSSSOSSE DER CREEK

Süßkartoffeln sind sehr gesund: Sie sind ballaststoffreich und enthalten viele Nähr- und Vitalstoffe. Außerdem schmecken sie gebacken und mit dieser Nussmischung und den frischen Frühlingszwiebeln einfach nur köstlich!

FÜR 4 PERSONEN

4 Yams oder Süßkartoffeln
2 EL Walnussöl
100 g Pekannüsse
40 g Butter
2 EL Ahornsirup
Salz
½ TL Cayennepfeffer
2 Frühlingszwiebel
2 Zweige Thymian

ZUBEREITUNG

Die Kartoffeln putzen, mit dem Walnussöl bestreichen und auf ein Backrost legen. Den Backofen auf 200 °C vorheizen und die Süßkartoffeln darin etwa 40 Minuten backen, bis diese von innen weich ist. In der Zwischenzeit die Pekannüsse mahlen und mit Butter, Ahornsirup, Salz und Pfeffer vermischen. Die fertigen Kartoffeln der Länge nach halbieren und je 1 Teelöffel der süßen Nussmischung darüber geben. Mit klein geschnittenen Frühlingszwiebeln und etwas Thymian servieren.

FLUSSKREBS-EINTOPF DER CHOCTAW

Die Frauen des Choctaw-Stamms sammelten junge Blätter des Sassafrasbaums, trockneten sie und zermahlten sie zu einem Pulver, das als Filé-Pulver bekannt geworden ist. Das Gewürz ist aus der Südstaaten-Küche nicht mehr wegzudenken und wird zum Verfeinern von Fisch und Suppen verwendet.

FÜR 4–6 PERSONEN

700 g Flusskrebse
1 Bund Frühlingszwiebeln
1 Stange Bleichsellerie
450 g Topinambur
2 grüne Paprikaschoten
1 kleine rote Chilischote
4 EL Sonnenblumenöl
½ TL Dillsamen
250 g Maiskörner
2–3 TL Filé-Pulver
Salz
1 EL frischer Dill

ZUBEREITUNG

Wasser in einem großen Topf erhitzen und die Flusskrebse darin 4–5 Minuten garen. Die Frühlingszwiebeln, den Bleichsellerie und die Topinambur gut putzen und in Scheiben schneiden. Die Paprikaschoten und die Chili entkernen und klein hacken. Das Öl in einer Gusseisenpfanne erhitzen und Zwiebeln, Paprika, Sellerie und Dillsamen bei niedriger Temperatur 8 Minuten bräunen. Dabei mehrmals umrühren. Topinambur, Mais und Chili hinzufügen und bei hoher Temperatur 1–2 Minuten anbraten. 1200 ml Wasser dazugeben und bei niedriger Temperatur 10 Minuten köcheln lassen. Die Krebse hineingeben und das Filé-Pulver langsam einrühren. Die Pfanne vom Herd nehmen, mit Salz und Dill würzen und zugedeckt etwa 5 Minuten ruhen lassen. Danach sofort servieren.

TIPP

Filé-Pulver bekommt man im Internet oder in der Apotheke. Ersatzweise können Sie auch eine Cajun-Gewürzmischung nehmen, allerdings wird der Eintopf dann schärfer.

KANINCHEN-EINTOPF DER CHEROKEE

Bei vielen Stämmen hing immer ein Kessel Suppe oder Eintopf über dem Feuer, für den Fall, dass überraschend Gäste vorbeikommen. In vielen traditionellen Rezepten wurden dabei neben Fleisch auch Tomaten, Mais und Bohnen verwendet.

FÜR 4–6 PERSONEN

1 Kaninchen (1500–1800 g)
Salz
Pfeffer, frisch gemahlen
Cayennepfeffer
4 Scheiben geräucherter Bauchspeck
1 ½ l Hühnerbrühe
2 Zwiebeln
1 Knoblauchzehe
2 große rote Kartoffeln
3 Tomaten
280 g weiße Bohnen
280 g Maiskörner
1 Lorbeerblatt
½ TL Oregano
½ TL Thymian
2 EL frisch gehackte Petersilie

ZUBEREITUNG

Das küchenfertige Kaninchen zerteilen, mit klarem Wasser säubern und trocken tupfen. Mit Salz, frischem Pfeffer und Cayennepfeffer nach Geschmack würzen. In einem großen Topf den Speck bei mittlerer Temperatur erhitzen, bis das Fett ausgelassen ist. Den Speck herausnehmen und das Kaninchen bei hoher Temperatur darin etwa 10 Minuten anbraten. Die Brühe oder Wasser hinzugießen und bei schwacher Hitze 15 Minuten kochen. In der Zwischenzeit die Zwiebeln und den Knoblauch schälen und fein hacken. Die Kartoffeln und die Tomaten gut putzen und würfeln. Alle Zutaten bis auf die Petersilie in den Topf geben und 30–40 Minuten bei mittlerer Temperatur kochen lassen, bis das Gemüse und das Fleisch gar sind. Zum Schluss mit Salz und Pfeffer würzen und mit Petersilie bestreuen.

GEBRATENE WACHTELN DER CHICKSAW

Bei einigen amerikanischen Stämmen wie den Choctaw, Creek, Chicksaw und Natchez galten Wachteln und Tauben als sehr besonders. Sie waren laut Legende schon bei der Entstehung der Welt anwesend und sind durch ihre Flügel den Göttern nahe.

FÜR 4 PERSONEN

400 g Maronen
1 Granatapfel
4 Wachteln
Salz
Pfeffer
1 EL Wacholderbeeren
1 EL Pfefferkörner
4 Lorbeerblätter
40 g Semmelbrösel
2 cm Ingwerwurzel
5 EL Maisöl

ZUBEREITUNG

Die Maronen in einem Topf ungefähr 30 Minuten kochen, dann abgießen und schälen. In der Zwischenzeit den Granatapfel halbieren und entkernen. Die küchenfertigen Wachteln unter fließendem Wasser waschen, abtupfen und von innen und außen mit Salz und Pfeffer würzen. Backofen auf 200 °C vorheizen. Wacholderbeeren und Pfefferkörner in einem Mörser zermahlen. Zusammen mit den Lorbeerblättern in einen Topf geben und mit etwas Wasser erhitzen. 5 Minuten auf niedriger Temperatur ziehen lassen. Semmelbrösel in eine Schüssel geben. Den Ingwer schälen, klein reiben und hinzufügen. Den Sud in die Schüssel geben und gut vermischen. $\frac{2}{3}$ der Granatapfelkerne und der Maronen ebenfalls in die Schüssel geben und verrühren. Die Wachteln mit der Masse befüllen. Öl in einer Pfanne erhitzen und die Wachteln darin kurz anbraten. In einem feuerfesten Gefäß die Wachteln im Ofen 1 Stunde braten. Damit das Fleisch nicht austrocknet, sollte dieses öfter mit dem Bratenfond begossen werden. Kurz vor Ende der Garzeit die restlichen Maronen und Granatapfelkerne zur Soße geben.

KERNIG-BUNTES MÖHRENBROT

Die Frauen vieler Stämme sammelten Nüsse, Beeren und wild wachsende Pflanzen, bauten aber auch ihr eigenes Gemüse an. Um eine abwechslungsreiche Kost durchs ganze Jahr zu liefern, verarbeiteten sie alles zu Broten, selbst Gemüse und Süßkartoffeln.

FÜR 4 PERSONEN

250 g bunte Möhren
20 g Hefe
2 TL Salz
150 g Sonnenblumenkerne
500 g Vollkornmehl

ZUBEREITUNG

Die Möhren waschen. 2 Möhren zur Seite legen und den Rest fein raspeln. Die übrigen Möhren der Länge nach in Streifen schneiden. Die Hefe zusammen mit dem Salz und den Kernen in eine Schüssel geben. Das Mehl, 500 ml Wasser und die geraspelten Möhren einrühren und mit den Händen oder einem Rührgerät zu einem Teig verarbeiten. Die Schüssel mit einem Tuch zudecken und an einem warmen Ort etwa 2 Stunden gehen lassen. Danach den Teig in eine Kastenform geben und gleichmäßig verteilen. Den Backofen auf 200 °C vorheizen. Das Brot 1 Stunde in den Ofen geben. 15 Minuten vor Ende der Backzeit die restlichen Möhren oben drauflegen und leicht eindrücken. Mit einem Holzstäbchen nach 1 Stunde prüfen, ob das Brot fertig ist, wenn kein Teig mehr am Stäbchen klebt, kann das Brot aus dem Ofen genommen werden. Leicht abkühlen lassen und dann servieren.

KLÖSSCHEN IN TRAUBENSOSSE

Blaue Klößchen waren eine sehr beliebte Nachspeise bei den amerikanischen Ureinwohnern und schmecken noch heute! Dieses Lieblingsessen ließen sie sich auch im Winter nicht nehmen. So wurden die Trauben auf einen Stock gesteckt und an der Sonne getrocknet und man konnte sie das ganze Jahr über genießen.

FÜR 4–6 PERSONEN

1 kg blaue oder rote Trauben
125 g Mehl
1 EL Zucker
2½ TL Backpulver
2 EL Butter
1 Prise Salz
75 ml Milch
110 ml Ahornsirup

ZUBEREITUNG

Die Trauben in einen großen Topf geben und mit Wasser bedeckt aufkochen lassen. Bei mittlerer Temperatur 6–8 Minuten köcheln. Mit einem Löffel umrühren und die Trauben zerdrücken. Das Ganze so lange wiederholen, bis sich genug Saft gesammelt hat. Den Saft durch ein Sieb gießen und nur diesen zurück in den Topf geben. In einer Schüssel Mehl, Zucker, Backpulver, Butter und Salz mit den Händen gut kneten. Dann die Milch hinzufügen und zu einem Teig verarbeiten. Mit einem Löffel abnehmen und zu kleinen Kugeln formen. Den Saft zusammen mit dem Sirup erhitzen. Bei niedriger Hitze die Klößchen darin 20 Minuten kochen. Mit dem Saft in Schüsseln servieren.

BROMBEERAUFLAUF NACH ART DER CREEK

Wilde Brombeeren findet man zur Erntezeit in großen Mengen in den südöstlichen Staaten Nordamerikas, wie zum Glück auch bei uns! Genauso wie wir verarbeiteten die amerikanischen Ureinwohner die dunklen Beeren zu Kuchen und Gelee, aber auch etwas ungewöhnlicher zu Aufläufen, Saft und im Eintopf (siehe Seite 77).

FÜR 6 PERSONEN

2 EL Butter
75 ml Milch
1 Ei
1 TL Backpulver
¾ TL Salz
160 g Maismehl
170 ml Ahornsirup
600 g Brombeeren
Minze

ZUBEREITUNG

Die Butter kurz in einem kleinen Topf erwärmen, bis diese flüssig geworden ist. In eine Schüssel zusammen mit der Milch, dem Ei, dem Backpulver und dem Salz geben und verrühren. Maismehl und 110 ml des Ahornsirups hinzufügen. Das Ganze zu einem dickflüssigen Teig verkneten. Die Brombeeren waschen, in eine gebutterte Auflaufform füllen und mit dem restlichen Sirup beträufeln. Den Teig nun esslöffelweise auf die Beeren geben. Im Ofen 30–35 Minuten backen. Mit Minze garnieren und noch warm servieren.

NORDOSTKÜSTE UND WALDLAND

WILDREIS-OMELETT NACH ART DER CHIPPEWA

Wildreis ist eigentlich kein Reis, sondern der Samen eines Wassergrases. Eine Chippewa-Legende besagt, dass Wenebojo den Wildreis entdeckt hat. Er hörte leises Rufen im Wasser, also baute er sich ein Kanu und fuhr mit seiner Großmutter Nokomis zu den Gräsern. Das Gras sagte ihm, es sei gut zu essen, und so kosteten beide davon.

FÜR 4–6 PERSONEN

70 g Wildreis
Salz
4 Scheiben geräucherter Speck
4 Frühlingszwiebeln
6 Eier
Pfeffer, frisch gemahlen
Schnittlauch

ZUBEREITUNG

Den Wildreis zusammen mit 225 ml Wasser und etwas Salz in einen Topf geben, aufkochen und etwa 40–60 Minuten bei niedriger Hitze garen. Den Speck würfeln und in einer schweren Pfanne bei mittlerer Temperatur knusprig braten. Die Frühlingszwiebeln waschen, klein schneiden und zu dem Speck geben. Zusammen mit dem Wildreis kurz anbraten. Die Eier in einer Schüssel verquirlen, salzen und pfeffern. Langsam in die Pfanne gießen und dabei mehrmals umrühren. Warten, bis das Omelett gestockt ist, dann kann es gewendet werden. Von jeder Seite 2–3 Minuten braten. Mit Schnittlauch servieren.

WILDREIS-KÜCHLEIN

Diese Küchlein sind vielseitig verwendbar. Mit Speck und Ahornsirup, eine Kombination, die die Amerikaner heute noch lieben, sind sie perfekt als nahrhaftes Frühstück. Als Hauptmahlzeit passen sie sehr gut zu Wild.

FÜR 4 PERSONEN

150 g Wildreis
1 rote Spitzpaprika
2 EL Maismehl
½ TL Salz
1 Zweig Thymian
2–3 EL Maisöl
¼ Bund Petersilie

ZUBEREITUNG

Den Wildreis in einem Topf zusammen mit 240 ml Wasser aufkochen und bei mittlerer Hitze etwa 40–50 Minuten kochen lassen. Die Paprika waschen, klein schneiden und mit in den Topf geben. Maismehl und Salz hinzugeben und gut vermischen. Die Blätter vom Thymian entfernen und dazugeben. Aus der Masse 8–10 Küchlein formen. In einer Gusseisenpfanne das Öl erhitzen und die Küchlein darin von jeder Seite 2–3 Minuten braten. Mit Petersilie bestreuen.

BRUNNENKRESSE-SALAT

Die Brunnenkresse oder auch Senfkresse ist eine beliebte Speise der Native Americans. Neben der nachgesagten Wirkung zur Blutreinigung als Salbe oder Tee wurde die Kresse auch roh im Salat gegessen. Sie schmeckt kräftig, ähnlich wie Rettich oder eben Senf.

FÜR 4–6 PERSONEN

200 g Feldsalat
5 Radieschen
1 Frühlingszwiebel
2 Bund Brunnenkresse
3 EL Apfelessig
2 EL Ahornsirup
4 EL Sonnenblumenöl
50 g Walnüsse

ZUBEREITUNG

Den Feldsalat, die Radieschen, die Frühlingszwiebel und die Brunnenkresse waschen und abtupfen. Die Stiele der Brunnenkresse entfernen. Die Radieschen klein raspeln. Die Frühlingszwiebel in dünne Ringe schneiden. Alles in einer großen Salatschüssel vermischen. In einem kleinem Gefäß Apfelessig, Ahornsirup und Öl mischen und zum Salat geben. Die Walnüsse klein hacken, in einer Pfanne ohne Öl kurz anrösten und darüber streuen.

TIPP

Gartenkresse hat einen ähnlichen Geschmack wie Brunnenkresse und kann diese gut ersetzen.

WILDREISSALAT DER CHIPPEWA

*Beim jährlichen Manoomin Festival (**Manoomin** bedeutet **Reis**) im Herbst wird mit Tänzen, Gesang und viel Wildreis gefeiert. Diese alte Tradition bewahrt sich das Volk der Chippewa bis heute. Der echte Wildreis wurde nicht angebaut, sondern mit Kanus auf traditionelle Weise an flachen Ufern im Wildreis-Mond im September gesammelt.*

FÜR 4 PERSONEN

200 g getrocknete schwarze Bohnen
200 g Wildreis
Salz
500 g Rucola
1 Frühlingszwiebel
5 El Maisöl
3 EL Essig
1 TL Cayennepfeffer

ZUBEREITUNG

Über Nacht die Bohnen in reichlich Wasser einweichen. In einem Topf mit Wasser 30 Minuten bei mittlerer Hitze kochen, bis diese weich sind, dann abtropfen lassen. Den Wildreis waschen, mit 650 ml Wasser und etwas Salz aufkochen. Mit geschlossenem Deckel bei niedriger Temperatur 40 Minuten quellen lassen. Rucola und Frühlingszwiebeln waschen und klein schneiden. Das Öl in eine Tasse geben und zusammen mit dem Essig und dem Cayennepfeffer zu einer Marinade vermischen. Bohnen, Wildreis, Rucola und Frühlingszwiebeln in eine große Schüssel geben und mit der Marinade übergießen.

MUSCHELSUPPE

An der Ostküste Amerikas dienten bei einigen Stämmen Wampum-Perlen aus Muscheln und Meeresschnecken als Tauschmittel. So verbreiteten sie sich bis zu den Rocky Mountains, wo das Muschelgeld als Schmuck sehr beliebt war.

FÜR 4–6 PERSONEN

24 frische Miesmuscheln
1 Zwiebel
250 g Kartoffeln
2 Scheiben geräucherter Bauchspeck
6 Eiertomaten
700 ml Hühnerbrühe
1 TL Salz
¼ TL Pfeffer
2 Zweige Majoran

ZUBEREITUNG

Die bereits geöffneten oder zerstörten Muscheln aussortieren. In einem Topf heißes Wasser erhitzen und die noch geschlossenen Muscheln darin 5 Minuten bei mittlerer Hitze garen, bis diese sich geöffnet haben. Dann mit Wasser abspülen und erkalten lassen. Das Muschelfleisch heraus lösen. Die Zwiebel und die Kartoffeln schälen. Die Zwiebel klein hacken, die Kartoffeln, den Speck und die Tomaten würfeln. In einem großen Topf zuerst den Speck bei mittlerer Temperatur kurz anbraten, dann die Zwiebeln dazugeben und 5 Minuten dünsten. Mit der Hühnerbrühe aufgießen und Muschelfleisch, Kartoffeln und Tomaten hinzu geben. Mit Salz und Pfeffer abschmecken und mit geschlossenem Deckel etwa 30 Minuten bei kleiner Hitze köcheln lassen. Dazu Majoran servieren.

KÜRBISSUPPE DER ALGONKIN

Kürbisse waren in der präkolumbischen Zeit nur in Amerika verbreitet. Die amerikanischen Ureinwohner bauten sie an und verzehrten sie in vielen Variationen. Getrocknete Flaschenkürbisse wurden als Gefäße für Wasser und Brühe benutzt.

FÜR 4 PERSONEN

1 kleiner Kürbis
800 ml Gemüsebrühe
Salz
Pfeffer
2 EL Ahornsirup
½ TL gemahlener Piment
2 Frühlingszwiebeln
20 g Haselnüsse
20 g Kürbiskerne
1–2 EL Erdnussöl

ZUBEREITUNG

Den Ofen auf 175 °C vorheizen und den Kürbis darin etwa 30 Minuten backen. Abkühlen lassen, halbieren und die Kerne entfernen. Das Kürbisfleisch in kleine Würfel schneiden und ein wenig mit der Gabel zerdrücken. In einem Topf die Brühe mit dem Kürbisfleisch vermischen und mit Salz, Pfeffer, Ahornsirup und dem Piment würzen. Die Frühlingszwiebeln putzen, in feine Scheiben schneiden und dazugeben. 10 Minuten bei niedriger Temperatur kochen lassen. In der Zwischenzeit die Haselnüsse fein hacken und zusammen mit den Kürbiskernen in einer Pfanne mit wenig Erdnussöl rösten und die Suppe damit garnieren.

IROKESISCHE FISCHSUPPE

Diese Art von Suppe war bei den Irokesen an der Küste sowie im Waldland sehr beliebt. Je nach Jahreszeit variierten die Zutaten ein bisschen. Während im Winter Pilze und Bohnen in die Suppe kamen, wurden im Sommer gerne frischer Ampfer, Brunnenkresse und Gänsefuß verwendet.

FÜR 4–6 PERSONEN

120 g Frühlingszwiebeln
6 Waldpilze
900 ml Hühnerbrühe
2 EL Maismehl
350 g Rotbarschfilet
300 g Bohnen
Salz
Pfeffer, frisch gemahlen
2 EL Dill, frisch gehackt
2 EL Petersilie, frisch gehackt

ZUBEREITUNG

Frühlingszwiebeln und Pilze waschen und in Scheiben schneiden. Die Brühe zusammen mit dem Maismehl und den Frühlingszwiebeln in einen Topf geben und 10 Minuten bei niedriger Temperatur köcheln lassen. Das Fischfilet, die Bohnen und die Pilze hinzu geben und weitere 20 Minuten köcheln lassen. Den Topf vom Herd nehmen und das Filet in kleine Teile zerpflücken. Mit Salz und Pfeffer abschmecken, mit Dill und Petersilie bestreuen.

GEBACKENE BOHNEN MIT MELASSE UND SPECK

Die Algonkin und Irokesen nutzten den Boden als Ofen. Sie setzten Töpfe mit Bohnen und Gewürzen in Gruben und belegten sie mit heißen Steinen. So konnten sie lange vor sich hin kochen. Aber natürlich kann man dieses Gericht auch im Backofen nachkochen!

FÜR 4 PERSONEN

450 g weiße, Kidney-, Lima-, Pinto- oder schwarze Bohnen
4 Scheiben Bauchspeck
120 ml Melasse
120 ml Ahornsirup
1 TL Senfsamen
Salz

ZUBEREITUNG

Getrocknete Bohnen über Nacht in reichlich Wasser einweichen und am nächsten Tag in einem Topf mit frischem Wasser bei niedriger Temperatur 60–90 Minuten weich kochen. Die Bohnen abgießen. Den Speck würfeln. Die Bohnen zusammen mit dem Speck, der Melasse, dem Ahornsirup und den Senfsamen in eine feuerfeste Form geben. Nach Geschmack salzen. Den Backofen auf 150 °C vorheizen und darin die Mischung zugedeckt 1 Stunde backen. Zum Schluss 20–30 Minuten ohne Deckel backen.

KABELJAU-KLÖSSCHEN DER CHIPPEWA

Kabeljau war an der nordöstlichen Küste ein wichtiges Nahrungsmittel, er schmeckt sehr gut und ist in dieser Region reichlich vertreten. Als Variation kann man dieses Gericht auch mit Süßkartoffeln zubereiten, so wie die Algokin.

FÜR 4–6 PERSONEN

400 g Kartoffeln
650 g Kabeljaufilet
2 TL Salz
½ TL Pfeffer, frisch gemahlen
2 EL Dill, frisch gehackt
Etwas Maismehl
Öl zum Backen

ZUBEREITUNG

Die Kartoffeln waschen, schälen und in kleine Würfel schneiden. Die Kartoffeln und den Fisch in einen Topf geben und mit Wasser auffüllen. Zugedeckt 25 Minuten bei mittlerer Temperatur garen. Das Wasser abgießen. Die Kartoffeln und den Fisch mit Salz, Pfeffer und dem Dill bestreuen und mit der Gabel zerdrücken. Aus der Masse etwa 5 cm große Klößchen formen und durch etwas Maismehl rollen. In einer schweren Pfanne reichlich Öl erhitzen. Bei mittlerer Temperatur die Klößchen von jeder Seite etwa 1 Minute backen. Abtropfen lassen und heiß servieren.

ENTE GEFÜLLT MIT WILDREIS UND PILZEN

Laut unterschiedlichen Legenden wurde der Wildreis vom Stamm der Chippewa entdeckt. Eine Ente saß auf dem Kochtopf und beim Wegfliegen verlor sie ein paar Wildreiskörner. Die Krieger folgten ihr und fanden einen See mit vielen Enten, die sich von dem Wassergras ***Manomin*** *ernährten.*

FÜR 4 PERSONEN

1 Wildente (1500–1800 g)
Salz
Pfeffer
300 g Wildreis
60 g Frühlingszwiebeln
100 g Waldpilze
60 g Haselnüsse
3 EL Haselnussöl
2 EL Dill, frisch gehackt

ZUBEREITUNG

Die küchenfertige Ente von innen und außen waschen, trocken tupfen, salzen und pfeffern. Den Wildreis nach Packungsanweisung zubereiten. Die Frühlingszwiebeln und die Waldpilze (z. B. Pfifferlinge) waschen, abtupfen und in Scheiben schneiden. Die Haselnüsse klein hacken. In einer Pfanne etwas Haselnussöl erhitzen und die Frühlingszwiebeln, Waldpilze und Haselnüsse kurz anbraten. Mit dem Wildreis vermischen, den Dill hinzugeben und mit Salz und Pfeffer abschmecken. Den Backofen auf 260 °C vorheizen. Die Ente mit der Reis-Masse befüllen und in ein hohes feuerfestes Gefäß geben. Den Ofen auf 180 °C herunterstellen und die Ente darin 1½–2 Stunden garen. Alle 20–30 Minuten den Bratensaft über die Ente gießen, damit diese nicht austrocknet, und mit einer Gabel in die Haut stechen. Die Ente ist gar, wenn beim Anstechen keine rosa Flüssigkeit heraustritt.

HASELNUSS-KÜCHLEIN AUF SPECK

Im nordöstlichen Waldland wachsen viele wilde Haselnüsse. Besonders bei den Irokesen waren Nüsse sehr beliebt, weil man sie so gut mitnehmen kann. Auch bei uns kann man im August und September Haselnüsse sammeln und diese leckeren Küchlein braten.

FÜR 4 PERSONEN

225 g Haselnüsse
½ TL Salz
1 EL Ahornsirup
60 g grobes Maismehl
75 ml Öl zum Braten
Einige Streifen Speck

ZUBEREITUNG

Die Haselnüsse mit einem Messer fein hacken. In einem Topf 450 ml Wasser erhitzen und die Nüsse dazugeben. 30 Minuten bei kleiner Temperatur kochen. Salz, Ahornsirup und das Maismehl einrühren und vom Herd nehmen. 30 Minuten ruhen lassen, bis die Masse etwas erkaltet ist. Mit einem Löffel portionsweise kleine Kugeln formen. In einer hohen Pfanne das Öl bei mittlerer Temperatur erhitzen, die Hitze herunter drehen und die Kügelchen darin von jeder Seite 2–3 Minuten braten. Danach den Speck in der Pfanne knusprig braten und die Küchlein gemeinsam mit dem Speck servieren.

POPCORN MIT AHORNSIRUP NACH ART DER ALGONKIN

Beim Stamm der Algonkin war diese süße Popcornvariante beliebt. Überlieferungen zufolge waren die Pilgerväter besonders vom Popcorn der Native Americans fasziniert. Die Algonkin machten aus der Zubereitung ein Geschicklichkeitsspiel und warfen den Mais ins Feuer, um die herumfliegenden Körner zu fangen.

FÜR 4 PERSONEN

50 g Popcornmais
1 EL Öl
½ TL Salz
1 ½ TL Butter
225 ml Ahornsirup

ZUBEREITUNG

In einem Topf Öl und Popcornmais bei niedriger Temperatur erhitzen. Ständig umrühren, bis alle Körner geplatzt sind. Das Salz, die Butter und den Ahornsirup in einem kleinen Topf bei niedriger Temperatur zerlassen, über das Popcorn geben und gut durchmischen. Vom Herd nehmen, kurz erkalten lassen und genießen!

INDIANISCHER PUDDING

Heute wird dieser Pudding gerne als Nachspeise gegessen. Früher wurde er mit Wasser zubereitet und zu Fleisch und Gemüse gereicht. Die getrockneten Früchte wurden im Herbst und Winter in den Pudding gemischt und ergänzten ihn durch eine vitaminreiche Komponente. In diesem Rezept sind gesunde Cranberrys dabei!

FÜR 6 PERSONEN

900 ml Milch
225 ml Ahornsirup
50 g Butter
80 g Maismehl
½ TL gemahlene Muskatnuss
½ TL gemahlener Ingwer
200 g getrocknete Cranberrys

ZUBEREITUNG

Den Backofen auf 150 °C vorheizen. 675 ml Milch zusammen mit dem Ahornsirup schwach erhitzen. Die Milch darf nicht kochen. Die Butter hinzugeben. In einer Schüssel das Maismehl, die Muskatnuss und den Ingwer vermischen. Langsam in die heiße Milch geben und bei schwacher Hitze 10 Minuten eindicken lassen. Die Cranberrys und die restliche Milch darunter mischen. Anschließend den Topf vom Herd nehmen. Die Masse in Schüsseln füllen und 2 Stunden im Ofen backen, bis die Oberfläche schön braun ist. Dann noch warm servieren!

PLAINS UND PRÄRIE

GEBRATENE WILDPILZE MIT ZWIEBELN

Während in vielen Teilen Nordamerikas Pilze keine Seltenheit sind, waren diese in den Plains rar und galten als Delikatesse. Es war die Aufgabe der Frauen und Kinder, die Pilze zu sammeln und zuzubereiten. Sie wurden entweder in Suppen verkocht, gebraten oder für den Winter getrocknet.

FÜR 4 PERSONEN

250 g Pfifferlinge
1 Knoblauchzehe
2 Frühlingszwiebeln
2 EL Maisöl
5 Lorbeerblätter
Salz
Pfeffer, frisch gemahlen

ZUBEREITUNG

Die Pilze abputzen und trocken tupfen. Den Knoblauch schälen und sehr fein hacken. Die Frühlingszwiebel waschen, die Enden abtrennen und grob schneiden. In einer Pfanne das Öl erhitzen und die Pilze darin 3 Minuten bei mittlerer Hitze braten, dabei mehrmals umrühren. Die Frühlingszwiebeln und die Lorbeerblätter dazugeben und weitere 2 Minuten braten. Zum Schluss salzen und pfeffern.

TAMALES MIT KAKTUS UND JALAPEÑOS

Die kleinen, scharfen Jalapeños sind in den USA und in Mexiko noch heute sehr beliebt. Sie wärmen von innen und kurbeln den Stoffwechsel an. Durch ihren hohen Vitamin-C-Gehalt sind sie sehr gesund!

FÜR 6 PERSONEN

200 g eingelegte Nopales
2 Jalapeños
200 g Masa Harina Maismehl
1 TL Backpulver
1 EL Hühnerbrühe
50 g Pflanzenfett
24 getrocknete Maisblätter

ZUBEREITUNG

Die eingelegten Kaktusblätter in kleine Würfel schneiden. Die Jalapeños entkernen und klein hacken. In einer Schüssel das Maismehl, das Backpulver und die Hühnerbrühe vermischen. Die restlichen Zutaten hinzugeben und mit den Händen zu einem glatten Teig vermischen. Die Maisblätter in 300 ml warmem Wasser einweichen. 1 Esslöffel des Teiges auf 1 Blatt verteilen und die Tamales falten. Mit Küchengarn oder einem Stück Maisblatt zusammenbinden. In einen Topf etwas Wasser füllen und die Tamales im Dampfaufsatz 40 Minuten bei niedriger Temperatur dämpfen. Dabei aufpassen, dass die Päckchen das Wasser nicht berühren.

DÖRRFLEISCH-EINTOPF

Dörrfleisch, Hominy und andere getrocknete Zutaten waren bei den Plains-Stämmen, die ein Nomadenleben führten, sehr beliebt. Sie waren leicht und konnten einfach mitgenommen werden. Mit Gemüse und Wurzeln ergaben sie schnell eine komplette Mahlzeit.

FÜR 4–6 PERSONEN

4 Frühlingszwiebeln
450 g Dörrfleisch vom Rind oder Bison
350 g Hominy
450 g Kartoffeln
1 TL Salbei
Salz
Pfeffer, frisch gemahlen

ZUBEREITUNG

Die Frühlingszwiebeln waschen und klein hacken. Das Dörrfleisch grob würfeln. Dörrfleisch, Hominy und Frühlingszwiebeln in einen Topf geben, aufkochen und bei niedriger Hitze 1½-2 Stunden köcheln lassen. Die Kartoffeln schälen und in Würfel schneiden und zusammen mit dem Salbei in den Topf geben. Weitere 20 Minuten kochen, bis die Kartoffeln gar sind. Nach Belieben salzen und pfeffern.

PEMMIKAN DER PLAINS

Auf langen Ausritten war dieser nahrhafte Reiseproviant unerlässlich. Man brauchte etwas, das sich lange hält und gut transportieren lässt. Eine spannende Variante ergibt sich, wenn man anstatt der Kirschen getrocknete Aprikosen für das Rezept nimmt.

FÜR 6 PERSONEN

350 g Dörrfleich vom Rind oder Büffel
250 g getrocknete Kirschen
50 g Butter

GRUNDREZEPT DÖRRFLEISCH

1 kg mageres Rind- oder Büffelfleisch
2 EL grobes Salz
1 EL gemahlener Ingwer
1 TL gemahlene rote Chili

ZUBEREITUNG

Das Dörrfleisch und die Kirschen, es können Traubenkirschen oder saure Kirschen verwendet werden, fein hacken. Die Butter auf Zimmertemperatur bringen und mit den anderen Zutaten in eine Schüssel geben. Mit einem Löffel alles gut vermengen und daraus 12 Küchlein formen. Bis zum Servieren in den Kühlschrank stellen.

Dörrfleisch lässt sich ganz einfach selbst zubereiten. Das Fleisch in 3 mm dicke Streifen schneiden und mit den Gewürzen einreiben. Auf dem Rost 8–10 Stunden bei 65 °C in den Backofen schieben. Dabei ab und zu die Tür öffnen, damit die Feuchtigkeit entweichen kann. Danach im Kühlschrank aufbewahren. Das Fleisch ist einige Wochen haltbar.

GEBRATENE HIRSCHLEBER

Die Männer vieler Stämme aßen die Leber von Bison, Wapiti oder Hirsch gerne roh an Ort und Stelle. Sie galt als großer Energiespender und war sehr begehrt. Noch heute ist Leber eine Delikatesse, die allerdings nicht übergart werden darf.

FÜR 4–6 PERSONEN

2 Süßkartoffeln
Etwas Salz
675 g Hirsch- oder Rinderleber
6 Salbeiblätter
6 Frühlingszwiebeln
50 g Speck
Fett zum Braten
1 Zweig Majoran

ZUBEREITUNG

Die Kartoffeln schälen, klein schneiden und in einem kleinen Topf mit etwas Salz 10 Minuten bei mittlerer Hitze kochen. Das Wasser abgießen und die Kartoffeln mit einer Gabel zu einem Püree zerdrücken. Die Leber in 6 mm dicke Scheiben schneiden. Den Salbei und die Frühlingszwiebel putzen und klein hacken. Den Speck würfeln. In einer großen Pfanne zuerst den Speck 2–3 Minuten bei hoher Temperatur anbraten, dann die Zwiebeln dazugeben und 1–2 Minuten dünsten. Mit Salbei, Salz und Pfeffer würzen. Die Hälfte zum Püree geben und gut vermischen. Leberscheiben in einer anderen Pfanne 3 Minuten von jeder Seite braten und mit dem Püree servieren. Die restliche Menge Speck und Zwiebeln darüber verteilen und mit Majoran bestreuen.

BÜFFELSUPPE MIT BROMBEEREN DER BLACKFOOT

***Potlatch** ist ein großes Fest, das die Häuptlinge der Stämme veranstalteten. Die Frauen bereiteten jede Menge Essen zu, so konnte jeder Gast etwas mit heim nehmen. Da nicht genug Behältnisse vorhanden waren, wurde manchmal alles in einen Lederbeutel gemischt und es kam zu den ungewöhnlichsten Kombinationen.*

FÜR 6 PERSONEN

500 g Büffel- oder Rindfleisch
2 EL Maisöl
Salz
½ TL Cayennepfeffer
1 EL Honig
3 Frühlingszwiebeln
1 l Rinderbrühe
½ Bund Schnittlauch
250 g Brombeeren

ZUBEREITUNG

Das Fleisch waschen, abtupfen und in kleine Würfel schneiden. In einem Topf das Öl erhitzen und bei hoher Temperatur das Fleisch darin einige Minuten anbraten. Mit Salz und Cayennepfeffer würzen und mit Honig verfeinern. Die Frühlingszwiebeln waschen, in Scheiben schneiden, zum Fleisch geben und 1 Minute dünsten. Mit der Brühe ablöschen. Bei niedriger Temperatur 1 Stunde köcheln lassen. Den Schnittlauch klein hacken und zusammen mit den Brombeeren kurz vor Ende der Garzeit zur Suppe geben.

GEFÜLLTER KÜRBIS NACH ART DER HIDATSA

Die Hidatsa betrieben viel Handel mit ihren Nachbarn im Osten und Norden. Dadurch war ihre Ernährung abwechslungsreicher als die von anderen Stämmen in der Prärie. Sie tauschten Kürbisse, Bisonhäute und getrocknetes Fleisch gegen Wildreis und andere Nahrungsmittel.

FÜR 4 PERSONEN

150 g Wildreis
1 Kürbis (1500–2000 g)
2 TL Salz
½ TL Senfpulver
1 Zwiebel
2 EL Pflanzenöl
500 g Hackfleisch vom Hirsch, Rind oder Büffel
3 Eier
Pfeffer, frisch gemahlen
1 TL Salbei

ZUBEREITUNG

Als Erstes den Backofen auf 180 °C vorheizen. Den Wildreis nach Packungsanweisung zubereiten. Das obere Stück des Kürbisses abschneiden und die Kerne und Fasern mit einem Löffel entfernen. Mit einer Gabel mehrmals innen in den Kürbis stechen und mit Salz und Senfpulver einreiben. Die Zwiebel schälen und klein hacken. In einer großen Pfanne das Öl erhitzen und das Hackfleisch und die Zwiebeln bei hoher Temperatur 8–10 Minuten braten. Dabei mehrmals umrühren, damit nichts anbrennt. Die Pfanne vom Herd nehmen und den Wildreis und die Eier untermengen. Mit Salz, Pfeffer und Salbei nach Geschmack würzen. Den Kürbis mit der Mischung befüllen und in eine ofenfeste Form setzen. Die flache Form zur Hälfte mit Wasser befüllen und den Kürbis im Backofen 90 Minuten backen.

PRÄRIEHUHN MIT AUSTERNPILZEN

Die amerikanischen Ureinwohner hatten sehr viel Respekt vor den Tieren und entschuldigten sich vor der Jagd bei dem Tier. Auch nach der Jagd bedankte sich der Jäger für die Nahrung und die Kleidung für seine Familie.

FÜR 4 PERSONEN

1 Perlhuhn
Salz
1 TL Cayennepfeffer
250 g Austernpilze
6 Frühlingszwiebeln
4 Tomaten
2 Möhren
1 EL Ahornsirup
4 EL Maisöl

ZUBEREITUNG

Backofen auf 200 °C vorheizen. Das Huhn von innen und außen waschen, abtupfen und mit Salz und Cayennepfeffer bestreuen. Die Pilze, Zwiebeln, Tomaten und Möhren waschen und klein schneiden. Das Huhn mit der Hälfte des Gemüses befüllen. Mit Küchengarn verschließen und mit dem Ahornsirup bepinseln. Das Backblech auf die unterste Ebene des Backofens schieben und mit etwas Wasser befühlen. Das Huhn auf den Rost legen und 60 Minuten im Backofen fertig backen. Alle 10–15 Minuten etwas Bratensaft über das Huhn geben, damit es nicht austrocknet. In einer Pfanne etwas Öl erhitzen und das restliche Gemüse 5 Minuten kurz anbraten und zum Huhn reichen.

BISON VOM GRILL

Das Bison war für die Präriestämme eine der Hauptnahrungsquellen. Jedes Stück wurde verarbeitet: Das Leder wärmte im Winter und diente als Behausung, das Fleisch machte satt. Bison ist zart und außerdem sehr fettarm!

FÜR 4–6 PERSONEN

1–1,5 kg Rind- oder Bisonfleisch
6 Frühlingszwiebeln
1 TL Salbei
Salz
Pfeffer, frisch gemahlen
1 EL Pflanzenöl

AUSSERDEM

1½ kg Holzkohle

ZUBEREITUNG

In einem Grill Feuer entfachen und warten, bis dieses heruntergebrannt ist und die Kohle gut durchgeglüht ist. In das Fleisch 6 Löcher stechen und die gewaschenen Zwiebeln hindurchführen. Mit den Gewürzen und dem Öl einreiben und 15 Minuten pro 500 g auf den Grill legen. Dabei mehrmals mit der Zange wenden, damit das Fleisch von jeder Seite gut gebräunt ist. Zum Servieren in 6 Scheiben schneiden. Dazu passt sehr gut ein Blattsalat.

DER SÜDWESTEN

KAKTUS MIT EI NACH ART DER PIMA

Die Blätter des Feigenkaktus sind in den trockenen Regionen Nordamerikas und in Mexiko ein beliebtes Nahrungsmittel. Frisch bekommt man Kaktusblätter (Nopales) in Europa leider kaum, allerdings findet man sie in mexikanischen Feinkostgeschäften in Essig eingelegt.

FÜR 4 PERSONEN

450 g eingelegte Nopales
1 Zwiebel
4 Scheiben Speck
2 EL Pflanzenöl
4–6 Eier
Schnittlauch

FÜR DAS RELISH

120 g milde Chili
3 Tomaten
1 Jalapeño
1 Zwiebel
2 EL Pflanzenöl

ZUBEREITUNG

Die Kaktusblätter abtropfen und abspülen. Die Zwiebel schälen und hacken. Den Speck in Würfel schneiden. In einer Pfanne etwas Öl erhitzen und die Zwiebeln und den Speck darin 5 Minuten bei mittlerer Temperatur knusprig braten. Mit den Nopales vermischen. Die Eier in der Pfanne aufschlagen und einige Minuten braten, bis das Eiweiß gestockt ist.

Für das Relish die Chili, die Tomaten und die Jalapeño entkernen und fein hacken. Die Zwiebeln schälen und ebenfalls klein schneiden. In einer Pfanne das Öl erhitzen und zuerst die Zwiebeln darin einige Minuten bei mittlerer Temperatur glasig braten, dann die restlichen Zutaten hinzugeben und weitere 5 Minuten garen.

Das Relish auf Tellern anrichten, dann die Kaktusblätter darüber geben und zum Schluss mit den Spiegeleiern garnieren. Mit Schnittlauch servieren.

KAKTUSSALAT DER PAPAGO

Der Geschmack der Nopales ist fast neutral und kommt deshalb in vielen Rezepten zum Einsatz. Sie sind gewürfelt oder in Scheiben in Salaten, Soßen, Gemüse- und Eigerichten vor allem in Mexiko sehr beliebt. In den USA werden die Kaktusblätter schon als neues Superfood gehandelt!

FÜR 4 PERSONEN

450 g eingelegte Nopales
1 rote Paprika
2 EL Limettensaft
1 ½ TL Honig
½ TL gemahlene Chili
75 ml Pflanzenöl
Salbeiblätter
2 Zweige Thymian

ZUBEREITUNG

Die Kaktusblätter abtropfen und gründlich abspülen. Die Paprika waschen, entkernen und in dünne Streifen schneiden. In einer Schüssel Limettensaft, Honig, Chili und Öl vermischen. Die Nopales und die Paprika hinzugeben und gut vermischen. 30 Minuten im Kühlschrank ziehen lassen. Mit den Salbeiblättern und dem Thymian servieren.

BLATTSALAT MIT AVOCADO UND LIMETTE

Die Avocado stammt aus dem Süden Mexikos und hat sich von dort aus über Nordmexiko und Zentralamerika bis nach Nordamerika verbreitet. Noch heute ist die Avocado ein Grundnahrungsmittel in Mexiko und mittlerweile auch in Europa sehr beliebt.

FÜR 4 PERSONEN

200 g Salat,
z. B. Rucola, Feldsalat, Spinat
2 rote Paprika
250 g kleine Tomaten
1 Bund Radieschen
225 g Kidney-Bohnen
200 g Maiskörner
½ Chilischote
10 g Koriander
1 Limette
1 Avocado

ZUBEREITUNG

Den Salat waschen, abtropfen lassen und in eine große Salatschüssel geben. Die Paprika, die Tomaten und die Radieschen putzen und klein schneiden. Zusammen mit den Bohnen und den Maiskörnern in der Schüssel mit dem Salat vermischen. Für das Dressing die Chilischote entkernen und zusammen mit dem Koriander fein hacken. Die Limette auspressen und den Saft mit den Gewürzen in einer kleinen Schüssel verrühren. Die Mischung unter den Salat mengen. Avocado halbieren, von der Schale entfernen, in Scheiben schneiden und oben auf den Salat platzieren. Nach Belieben etwas Koriander darüber streuen.

GEBACKENE KÜRBIS-BLÜTEN NACH ART DER PUEBLO

Im Südwesten Amerikas wurden Zucchini- und Kürbisblüten gegessen und hatten außerdem eine religiöse Bedeutung. Sie wurden als Ornamente auf Altäre gelegt oder von rituellen Tänzern der Stämme als Schmuck getragen.

FÜR 6 PERSONEN

30 Zucchiniblüten (männlich)
2 Eier
6 EL Milch
Salz
1 TL Cayennepfeffer
100 g feines Maismehl

AUSSERDEM

2 Limetten
Maisöl zum Frittieren

ZUBEREITUNG

Die Blüten waschen und behutsam trocken schütteln. In einer Schüssel Eier, Milch, Salz und Cayennepfeffer verquirlen. Mehl auf einen flachen Teller geben. Das Maisöl in einem Topf stark erhitzen. Die Blüten zuerst in die Eiermischung tauchen und dann über das Mehl ziehen. Im Öl einzeln ausbacken. Mit Limettenscheiben servieren.

GEGRILLTER MAIS DER HOPI

Blauer Mais wird oft auch Hopi-Mais genannt, weil die Hopi diese Maissorte anbauten. Sie ist ausdauernd und genügsam und wächst deshalb auch bei nährstoffarmen Boden sehr gut. Beim Hopi-Mais sind die Kolben kleiner als beim gelben Mais, sie lassen sich gut trocknen und lagern.

FÜR 4 PERSONEN

2 blaue Maiskolben
2 gelbe Maiskolben
Meersalz
2 Chilischoten
4 Zweige Rosmarin
100 g Butter

AUSSERDEM

Öl zum Braten
2 Limetten

ZUBEREITUNG

In einem breiten, flachen Topf die Maiskolben 15 Minuten bei mittlerer Temperatur in Salzwasser kochen. Herausnehmen und abtropfen lassen. Die Chilischoten halbieren, entkernen und fein hacken. Den Rosmarin waschen und trocken schütteln. Die Blätter von den Zweigen zupfen und hacken. In einer Pfanne die Butter zerlassen, mit Chili, etwas Meersalz und Rosmarin würzen und beiseitestellen. In einer Grillpfanne etwas Öl erhitzen und die Kolben von jeder Seite bei mittlerer Temperatur 6–8 Minuten bräunen. Mit der Butter, dem Meersalz und den geviertelten Limetten servieren.

KARTOFFELNESTER AUS ACOMA

Die Präriestämme haben sich hauptsächlich von Fleisch ernährt, während die Pueblos in Neu-Mexiko ihr eigenes Gemüse anbauten, wie Mais, Bohnen und Kürbis. Aber auch Baumwolle und Tabak wuchsen auf ihren Feldern.

FÜR 4 PERSONEN

500 g Süßkartoffeln
2 Knoblauchzehen
2 Zweige Rosmarin
Salz
1 EL Maisöl
4 rote Chilischoten
½ l Rinderbrühe

AUSSERDEM

Maisöl zum Braten

ZUBEREITUNG

Die Kartoffeln schälen, abspülen und grob raspeln. Den Knoblauch schälen und zusammen mit dem Rosmarin fein hacken. In einer Schüssel Kartoffeln, Salz, Rosmarin, die Hälfte des Knoblauchs und Maisöl vermengen. Reichlich Öl in eine hohe Pfanne geben und stark erhitzen. Die Süßkartoffelmasse mit einem Esslöffel portionsweise in die Pfanne geben. Auf jeder Seite 3 Minuten goldbraun braten. Auf Küchenpapier abtropfen lassen. Für die Soße die Chilischoten waschen, entkernen und fein hacken. Zusammen mit dem restlichen Knoblauch und der Brühe in einem Topf aufkochen und bei mittlerer Temperatur 3 Minuten köcheln lassen. Mit dem Pürierstab pürieren und mit den Kartoffelnestern auf Tellern anrichten.

TAMALES AUS TAOS

Einfache Tamales sind oft mit Gewürzen, altem Brot und Schmalz gefüllt. Dieses Rezept ist die luxuriösere Variante mit Fleisch, ursprünglich mit Büffel, hier mit Rind. Noch heute werden Tamales zur Osterzeit von vielen Frauen der amerikanischen Urstämme im Südwesten der USA an jeder Straßenecke verkauft.

FÜR 6 PERSONEN

24 getrocknete Maisblätter
250 g rote Paprikaschoten
500 g Rinderhackfleisch
Salz
1 TL Cayennepfeffer
1 TL Oregano
1 EL Semmelbrösel

ZUBEREITUNG

Die getrockneten Maisblätter in reichlich warmen Wasser einweichen. Die Paprika waschen und auf ein Backblech legen. Bei 200 °C im Backofen backen, bis die Haut anfängt, Blasen zu werfen. Dabei mehrmals wenden. Kurz abkühlen lassen, häuten, entkernen und vom Stielansatz befreien. Das Fruchtfleisch fein pürieren. Das Hackfleisch in eine Schüssel geben und zusammen mit den Gewürzen, den Semmelbröseln und der Paprika gut vermischen. Die Maisblätter gut abtropfen lassen. Auf ein Blatt einige Esslöffel Paste verteilen und mit einem zweiten Blatt verschließen. Damit diese nicht wieder aufgehen, mit Küchengarn oder einem Streifen des Maisblattes umwickeln und gut zubinden. Einen Topf mit etwas Wasser füllen, den Dampfeinsatz darauf geben und die Päckchen senkrecht hineinstellen. Bei mittlerer Temperatur 40 Minuten dämpfen. Wenn kein Dampfeinsatz vorhanden ist, die Tamales ohne Wasser in den Topf legen und mit einem feuchten Tuch bedecken.

LAMMEINTOPF DER NAVAJO

Die Navajo sind als sehr gute Weber bekannt, doch waren es erst die Spanier, die ihnen beibrachten, nicht nur das Fleisch, sondern auch die Wolle der Schafe zu verwenden.

FÜR 4 PERSONEN

1 Zwiebel
2 Knoblauchzehen
300 g kleine Kartoffeln
500 g Tomaten
500 g Lammfleisch
3 EL Maisöl
Salz
1 TL Cayennepfeffer
1 Zweig Majoran
100 g weiße Bohnen

ZUBEREITUNG

Die Zwiebeln und den Knoblauch schälen und fein hacken. Kartoffeln schälen und halbieren, Tomaten 5 Minuten in kochendes Wasser geben, abkühlen lassen, anschließend häuten und würfeln. Das Lammfleisch in 2 cm große Würfel schneiden. In einem Topf das Maisöl erhitzen und bei mittlerer Hitze die Zwiebeln und den Knoblauch darin glasig dünsten. Das Fleisch hinzugeben und 5–8 Minuten mitbraten. Mit Salz, Cayennepfeffer und Majoran abschmecken. Die Bohnen abgießen und mit den Tomaten in den Topf geben. Zugedeckt bei niedriger Temperatur 50 Minuten köcheln lassen. Die Kartoffeln 20 Minuten vor Ende der Garzeit dazugeben.

PAPRIKA MIT LAMMFLEISCH DER NAVAJO

Bei den Navajo suchen sich die Schafe ihre Hüteplätze selbst aus. Früher passten die Kinder auf die Schafe und Ziegen auf, heute übernehmen das die Älteren.

FÜR 4 PERSONEN

500 g Lammfleisch
1 Zwiebel
1 Knoblauchzehe
500 g Tomaten
3 EL Maisöl
Salz
1 TL Rosmarin
1 TL Cayennepfeffer
4 rote Spitzpaprika

ZUBEREITUNG

Das Fleisch in 1 cm große Würfel schneiden. Die Zwiebel und den Knoblauch schälen und fein hacken. Die Tomaten kurz in heißem Wasser erwärmen, damit sich die Haut besser abziehen lässt. Dann kurz abkühlen lassen, häuten und würfeln. In einem Topf 3 Esslöffel Öl erhitzen, die Zwiebeln und den Knoblauch bei kleiner Temperatur darin glasig dünsten. Das Fleisch dazugeben und bei hoher Hitze 5 Minuten gut anbräunen. Tomaten, Salz, Rosmarin und Cayennepfeffer in den Topf geben und 40 Minuten bei schwacher Hitze köcheln lassen. Den Backofen auf 200 °C vorheizen. Die Paprika waschen, die Deckel abschneiden und mit einem langen Messer entkernen. Die Kerne von innen ausspülen und abtropfen lassen. Die Paprikaschoten mit der Fleischmasse befüllen und im Backofen 20–25 Minuten backen. Zwischendurch die Paprika mit einem Holzstab anstechen, um die Garzeit zu überprüfen.

SCHWARZE BOHNENSUPPE DER PAPAGO

__Papago__ bedeutet übersetzt __Bohnenvolk__. Tatsächlich waren Bohnen die Spezialität dieses Stammes. Sie selbst wollten allerdings lieber __Tohono O'odham__, das Volk der Wüste, genannt werden.

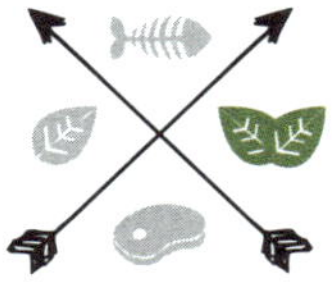

FÜR 4–6 PERSONEN

200 g getrocknete schwarze Bohnen
1 Zwiebel
1 Knoblauchzehe
2 Frühlingszwiebeln
3 EL Maisöl
Salz
2 grüne Peperoni

ZUBEREITUNG

Die Bohnen über Nacht in Wasser einweichen. In ein Sieb geben und mit klarem Wasser abspülen. Die Zwiebel und den Knoblauch schälen und fein würfeln. Die Frühlingszwiebeln waschen und in Scheiben schneiden. In einem Topf das Öl erhitzen, die Zwiebeln, die Frühlingszwiebeln und den Knoblauch darin bei mittlerer Temperatur glasig dünsten. Nun die Bohnen in den Topf geben und etwa 5 Minuten mitdünsten. Dabei mehrmals umrühren, damit nichts am Boden haften bleibt. Nach Geschmack salzen und mit 1 Liter Wasser aufgießen. Zugedeckt bei geringer Temperatur 30 Minuten köcheln lassen. Die Peperoni waschen, entkernen und in Ringe schneiden. Kurz vor Ende der Garzeit in den Topf geben und die Suppe servieren.

ZUNI-REHGULASCH-ZUCCHINI-EINTOPF

Die Zuni gehören zu den nordamerikanischen Pueblo-Völkern. Sie selbst nannten sich ***A'shivi*** *von* ***Shivi – das Fleisch.***

FÜR 4 PERSONEN

300 g Bohnen
1 Zwiebel
300 g Tomaten
500 g Rehgulasch
1 kg gelbe Zucchini
3 EL Maisöl
300 g Maiskörner
Salz
1 TL Cayennepfeffer

AUSSERDEM

Schnittlauch

ZUBEREITUNG

Die Bohnen abtropfen lassen und waschen. Die Zwiebel schälen und sehr fein hacken. Die Tomaten 5 Minuten in kochendes Wasser geben, abkühlen und häuten. Das Rehfleisch in 2 cm große Würfel schneiden. Die Zucchini waschen, halbieren und das Innere aushöhlen. Das Fruchtfleisch in kleine Würfel schneiden. Öl in einem Topf erhitzen und das Rehfleisch darin einige Minuten bei mittlerer Temperatur anbraten. Die Zwiebeln hinzufügen und glasig dünsten. Zucchinifleisch, Bohnen, Tomaten und die Maiskörner darunter mischen. Mit Salz und Cayennepfeffer abschmecken. Bei mittlerer Hitze 40 Minuten köcheln lassen, bis alles gar ist. Den Backofen auf 200 °C vorheizen. Auflaufform einölen und die Zucchini darauf legen. 20 Minuten im Backofen backen. Den Eintopf in die ausgehöhlten Zucchini geben und servieren. Bei Bedarf mit etwas Schnittlauch bestreuen.

MAISEINTOPF MIT BLAUEN KLÖSSCHEN

Blaues Maismehl ist ein natürliches Produkt, das aus dem bei den amerikanischen Ureinwohnern beliebten blauen Mais hergestellt wird. So entsteht die blaue Färbung der leckeren Klößchen, die in diesem herbstlichen Eintopf als Einlage dienen.

FÜR 4–6 PERSONEN

FÜR DEN EINTOPF

1 Zwiebel
1 grüne Paprika
350 g Kürbisfleisch
1 Zucchini
2 EL Schmalz oder Öl
700 g Hackfleisch vom Rind
750 g Maiskörner
1 EL gemahlene Chili
Salz
2 EL Mehl

FÜR DIE BLAUEN KLÖSSCHEN

250 g blaues Maismehl
2 TL Backpulver
2 EL Schmalz
½ TL Salz
150–225 ml Wasser oder Milch

ZUBEREITUNG

Die Zwiebel schälen und fein hacken. Die Paprika waschen und zusammen mit dem Kürbisfleisch und der Zucchini würfeln. Schmalz oder Öl in einem Gusseisentopf erhitzen und das Fleisch darin bei hoher Temperatur einige Minuten scharf anbraten. Zwiebeln und Paprika hinzugeben und glasig dünsten. Nach 3–4 Minuten die Zucchini, die Maiskörner und das Kürbisfleisch untermischen. Mit Chili und Salz abschmecken. Weitere 5 Minuten anbraten. Mit 1 Liter Wasser auffüllen und das Mehl mit einem Schneebesen einrühren. 30–40 Minuten bei niedriger Temperatur köcheln lassen. Die blauen Klößchen nach 20 Minuten hinzugeben. Für die blauen Klößchen Mehl, Backpulver, Schmalz und Salz in eine Schüssel geben. Nach und nach das Wasser oder die Milch hinzugeben. Darauf achten, dass beim Kneten ein geschmeidiger Teig entsteht. Mit dem Esslöffel den Teig portionieren und zu kleinen Kügelchen formen.

NAVAJO-BRÖTCHEN

Diese ausgebackenen Brötchen waren aus der Küche der amerikanischen Ureinwohner nicht wegzudenken und wurden bei festlichen Anlässen sowie bei normalen Mahlzeiten gereicht. Die Zutaten variierten von Stamm zu Stamm ein bisschen, doch das Grundrezept mit Mehl, Backpulver, Salz und Wasser war immer gleich.

FÜR 4 PERSONEN

FÜR DEN TEIG

375 g Mehl
2–3 TL Backpulver
1 TL Salz
1 EL Öl

FÜR DIE VARIANTE

4 Scheiben Speck
3 Frühlingszwiebeln

AUSSERDEM

Öl zum Ausbacken

ZUBEREITUNG

In einer Schüssel alle Zutaten für das Grundrezept mit 340 ml Wasser vermischen und zu einem Teig verrühren. Für die herzhafte Variante den Speck in Würfel schneiden. Die Frühlingszwiebeln schälen und in feine Scheiben schneiden. Beides unter den Teig mengen. Den Teig portionsweise zu 3 mm dicken Fladen formen. In einer schweren Pfanne Öl erhitzen und die Brötchen darin von jeder Seite 1–2 Minuten goldbraun backen.

KÜRBISBROT DER HOPI

Die Hopi waren und sind heute noch ein friedliebender, Ackerbau betreibender Stamm. Vor allem Mais, aber auch Bohnen, Kürbis, Melonen und weitere Obst- und Gemüsesorten gehören deshalb zu ihren Hauptnahrungsmitteln.

FÜR 4–6 PERSONEN

110 g Kürbiskerne
100 g Maismehl
100 g Weizenmehl
2 TL Backpulver
Salz
1 EL Honig
1 EL Maisöl

ZUBEREITUNG

In einer Getreidemühle 100 g der Kürbiskerne zermahlen. Das Mehl zusammen mit den zermahlenen Kürbiskernen, den restlichen Zutaten und 150 ml Wasser in eine Schüssel geben. Mit den Händen zu einem glatten Teig verkneten. Den Backofen auf 200 °C vorheizen. Den Teig zu einem Laib formen und mit den restlichen Kernen bestreuen. Im Backofen 30 Minuten backen.

FESTTAGSKEKSE DER NAVAJO

Zu besonders festlichen Anlässen wie Hochzeiten backten die Navajo diese Kekse. Die Frauen im Südwesten backten in einem bienenstockähnlichen Backofen, genannt ***Horno****. Dieser befand sich außerhalb ihrer Häuser und bestand aus Stein, Lehm, Sand und Stroh.*

FÜR 4 PERSONEN

100 g Pinienkerne
50 g Weizenmehl
50 g feines Maismehl
1 TL Backpulver
80 g Butter
50 g Zucker
1 Eigelb

ZUBEREITUNG

80 g der Pinienkerne in einer Pfanne ohne Fett rösten, dabei ab und zu wenden, damit nichts anbrennt. In einem Mixer pürieren. Das Mehl mit dem Backpulver in eine Schüssel geben. Alle Zutaten, bis auf die ganzen Pinienkerne, unter das Mehl mengen und mit den Händen zu einem glatten Teig kneten. 15 Minuten beiseitestellen. Den Backofen auf 200 °C vorheizen. Den Teig in 12 Portionen teilen und Kügelchen formen. Diese auf dem Backblech verteilen und flach drücken. Die übrigen Pinienkerne darüber geben und im Backofen 25 Minuten backen.

KAKTUSFEIGENGELEE DER PAPAGO

Die Papago waren Jäger und Sammler und mochten die Früchte des Saguya-Kaktus sehr. Das Fruchtfleisch wurde auf grob geflochtene Körbe, ähnlich einem Sieb, gestrichen. Der heraustretende Saft wurde zu Sirup eingekocht, das Fleisch ergab eine Marmelade.

FÜR 500 G

4 Kaktusfeigen
1 Zitrone
300 g Gelierzucker

ZUBEREITUNG

Kaktusfeigen in einem Topf mit Wasser 5 Minuten kochen, herausnehmen und abkühlen lassen. Die Haut abziehen und das Fleisch pürieren. Die Masse durch ein Sieb streichen und den Saft daraus auffangen. Die Zitrone halbieren und auspressen. Zitronen- und Kaktusfeigensaft mit dem Gelierzucker vermischen und in einen Topf geben. Bei hoher Hitze die Masse 2 Minuten kochen lassen. In ein Einmachglas füllen und fest verschließen.

GROSSES BECKEN, NORDWEST-KÜSTE UND KALIFORNIEN

GLASIERTE ROTE BETE DER POMO

Im 17. Jahrhundert brachten russische Einwanderer die Rote Bete nach Nordamerika und die Ureinwohner nahmen die neue Knolle schnell in ihre Küche auf. Sie tauschten Pelze und Felle gegen die Rote Bete ein und würzten sie, wie in diesem Rezept, mit Ingwer und Honig.

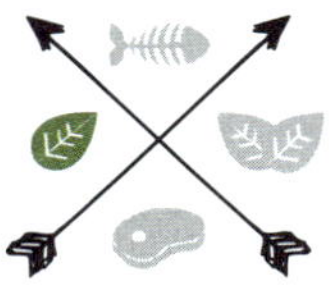

FÜR 4 PERSONEN

500 g Rote Bete
2 cm Ingwer
50 g Butter
2 EL Honig
Salz
Pfeffer, frisch gemahlen
12 Salbeiblätter
1 EL Pinienkerne

ZUBEREITUNG

In einem Topf reichlich Wasser erhitzen und die Rote Bete bei niedriger Temperatur etwa 1 Stunde weich kochen. Danach abgießen, abkühlen lassen, die Rote Bete schälen, in etwa 4 cm breite Scheiben schneiden und in eine feuerfeste Form geben. Den Backofen mit der Grillfunktion auf 200 °C vorheizen. Den Ingwer schälen und klein reiben. In einem kleinen Topf die Butter und den Honig erwärmen, bis die Butter geschmolzen ist. Den Ingwer sowie Salz und Pfeffer dazugeben und vom Herd nehmen. Die Masse über die Rote Bete gießen und 10 Minuten in den Ofen geben. Zum Schluss mit den Salbeiblättern und den Pinienkernen servieren.

RÄUCHERLACHS-SUPPE

Nach den Mythen der Nordwestküstenureinwohner sind Lachse übernatürliche Wesen, die über dem Meer leben. Im Sommer verwandeln sie sich in Fische, um den Menschen als Nahrung zu dienen. Wenn nach dem Verzehr das Gerippe ins Meer geworfen wird, können die Wesen in ihre Heimat zurückkehren.

FÜR 4 PERSONEN

120 g Frühlingszwiebeln
1 ½ l Hühnerbrühe
250 g Räucherlachs
100 g Brunnenkresse
100 g frischer Spinat
Salz
Pfeffer

AUSSERDEM

Etwas Sahne

ZUBEREITUNG

Die Frühlingszwiebeln putzen, die Enden abschneiden und den Rest in kleine Scheiben schneiden. Zusammen mit der Brühe in einen großen Topf geben und 5 Minuten leicht köcheln lassen. Den Lachs in Würfel schneiden. Die Brunnenkresse und den Spinat gründlich waschen und klein hacken. Zusammen mit dem Lachs in den Topf geben und 10 Minuten bei niedriger Temperatur kochen. Mit Salz und Pfeffer würzen. Eine leckere Alternative ergibt sich, wenn man die Brunnenkresse und den Spinat durch 4 klein geschnittene Kartoffeln sowie 3 Zweige Dill ersetzt. Das Ganze lässt sich wunderbar mit etwas Sahne verfeinern.

AUSTERNSUPPE MIT HASELNÜSSEN

Austern waren ein beliebtes Nahrungsmittel der Ureinwohner der Nordwestküste und Kaliforniens. Sie wurden nicht wie bei uns in Europa roh mit Zitrone gegessen, sondern über dem Feuer gegart. Aus den Schalen der Austern wurden Werkzeuge und Verzierungen hergestellt.

FÜR 4–6 PERSONEN

60 g Haselnüsse
½ Zwiebel
150 g Spinat, Rucola, Feldsalat
250 g ausgelöste Austern
Salz
Pfeffer, frisch gemahlen

ZUBEREITUNG

Die Nüsse grob hacken und in einer Pfanne bei niedriger Temperatur und ohne Fett kurz anrösten. Dabei ab und zu wenden, damit die Nüsse nicht anbrennen. Die Zwiebel schälen und klein hacken. In einem Topf 700 ml Wasser erhitzen, die Nüsse und die Zwiebeln dazugeben und 30 Minuten bei niedriger Temperatur kochen lassen. Den Spinat und den Salat waschen, abtupfen und in Streifen schneiden. Zusammen mit den Austern in den Topf geben und 5–10 Minuten kochen lassen, bis die Austern sich am Rand wellen. Mit Salz und Pfeffer würzen und sofort servieren.

GEGRILLTE LACHSSTEAKS NACH ART DER GITKSAN

*Das traditionelle Stammesgebiet der Gitksan zog sich entlang des Skeena River, daher auch ihr Name: **Git** heißt **Volk vom** und **Ksan** bedeutet **Nebelfluss**, so nannten sie den Skeena River. Die Gitksan sind also das Volk vom Nebelfluss.*

FÜR 4 PERSONEN

4 Lachssteaks
1 El Maisöl
24 Wacholderbeeren
Salz
Pfeffer, frisch gemahlen
8 Lorbeerblätter
2 Zitronen

AUSSERDEM

100 g Holzspäne von Erle oder Apfelbaum

ZUBEREITUNG

Die Lachssteaks waschen und trocken tupfen. Mit dem Öl einpinseln und in jedes Stück 6 Wacholderbeeren drücken. Mit Salz und frischem Pfeffer würzen. Auf dem Holzkohlegrill oder einem elektrischen Grill von jeder Seite 5 Minuten grillen. Mit Lorbeerblättern und Zitronenspalten servieren. Einen besonderen Geschmack bekommen die Steaks, wenn man auf die weiße glühende Kohle feuchte Holzspäne von Erle oder Apfelbaum streut.

HIRSCHEINTOPF DER HOPI

*Die Wapitis, eine Unterart der Hirsche, haben ihren Namen von den Shawnees. **Wapiti** heißt **weißes Hinterteil,** und wenn man einen Wapiti von hinten sieht, weiß man gleich, warum die Ureinwohner ihn so getauft haben. Dieser Hirscheintopf wurde gerne von den Jägern gegessen.*

FÜR 6 PERSONEN

1 kg Hirschgulasch
60 g Mehl
6 EL Pflanzenöl
1 Zwiebel
3 Möhren
2 Kartoffeln
2 Steckrüben
3 Stängel Bleichsellerie
2 grüne Chilischoten
Salz
Pfeffer, frisch gemahlen
1 EL mexikanisches Oregano

ZUBEREITUNG

Das Fleisch waschen und trocken tupfen. In etwas Mehl wälzen und in einer tiefen Pfanne mit Öl bei mittlerer Temperatur 3–4 Minuten braun braten. Das Gemüse waschen und bis auf den Bleichsellerie und die Chilischote schälen und würfeln. Den Bleichsellerie ebenfalls würfeln. Die Chilischoten entkernen und klein hacken. Das komplette Gemüse mit in die Pfanne geben und glasig dünsten. Mit 1 Liter Wasser aufgießen und 40 Minuten bei niedriger bis mittlerer Temperatur leicht köcheln lassen. Zum Schluss mit Salz, Pfeffer und Oregano nach Geschmack würzen.

BANNOCK-BROT

Ursprünglich stammt das Bannock aus den schottischen Highlands. Es verbreitete sich im 18. und 19. Jahrhundert oft durch Heirat mit schottischen Händlern bei den amerikanischen Ureinwohnern.

FÜR 6 PERSONEN

250 g Mehl
4 TL Backpulver
1 TL Salz
100 g Pflanzenfett

ZUBEREITUNG

Mehl, Backpulver und Salz in eine Schüssel geben. Langsam das Fett darunter mischen und gut mit den Händen oder dem elektrischen Knethaken kneten. 110 ml lauwarmes Wasser langsam hinzugeben und in 15 Minuten zu einem glatten Teig verarbeiten. Den Teig in eine eingefettete Gusseisenpfanne geben und leicht andrücken. Auf dem Herd bei mittlerer Hitze etwa 10 Minuten von jeder Seite goldgelb backen. Dabei nur einmal wenden.

BEEREN- UND KASTANIENBROT

Beeren waren bei den amerikanischen Ureinwohnern allgegenwärtig. Sie wurden zu Broten und Pudding verarbeitet, als Saft getrunken oder zu Gelee eingekocht. Die Irokesen feierten ein Erdbeerfest, die Yakama- und Warm-Springs-Stämme das Heidelbeerfest.

FÜR DAS BEERENBROT

50 g Butter
2 EL Honig
80 g gemahlene Haselnüsse
150 g Maismehl
150 g Weizenmehl
2 TL Backpulver
1 TL Salz
100 g Beeren

FÜR DAS KASTANIENBROT

150 g Maismehl
150 g Weizenmehl
2 TL Backpulver
1 TL Salz
6 EL Walnussöl
300 g Maronen

ZUBEREITUNG

Für das Beerenbrot in einem Topf 125 ml Wasser erhitzen und Butter, Honig und die gemahlenen Haselnüsse dazugeben. So lange erhitzen, bis die Butter und der Honig geschmolzen sind. Den Backofen auf 200 °C vorheizen. Das Mehl zusammen mit dem Backpulver in eine Schüssel sieben. Salz und die Nuss-Butter-Mischung dazugeben. Mit den Händen zu einem Teig verarbeiten. Die Beeren (z. B. Erd-, Johannis-, Heidelbeeren) waschen und trocken tupfen. Nach und nach unter den Teig mischen, diesen zu einem Laib formen. Das Backblech mit Backpapier auslegen und das Brot 35 Minuten backen.

Für das Kastanienbrot in eine Schüssel das Mehl sowie das Backpulver sieben. Salz und Walnussöl dazugeben. 125 ml Wasser langsam einrühren und zu einem Teig kneten. Die geschälten und bereits vorgekochten Maronen mit einem Messer klein hacken und unter den Teig geben. Einen Laib formen und auf einem mit Backpapier ausgelegten Backblech 35 Minuten backen.

EICHELBROT DER HOOPA

Im Gegensatz zu manchen Tieren sollten Menschen Eicheln nicht roh essen, Eichelmehl dagegen ist unbedenklich. Die Eicheln werden bei der Herstellung lange gekocht und in Wasser eingelegt, um ihnen die Bitterstoffe zu entziehen.

FÜR 4 PERSONEN

375 g Eichelmehl
375 g Dinkelmehl
1 Würfel Hefe
100 g Sonnenblumenkerne
½ TL Salz
½ TL Zucker

ZUBEREITUNG

In einer großen Schüssel alle Zutaten und 600 ml lauwarmes Wasser miteinander vermischen und mit dem Handrührgerät oder den Händen zu einem festen Teig verkneten. Zugedeckt eine Stunde an einem warmen Ort gehen lassen. Den Teig zu 2 Broten formen. Backofen auf 190 °C vorheizen und die Brote auf ein mit Backblech auslegtes Backpapier legen. 10 Minuten backen, dann die Temperatur auf 150 °C reduzieren und weitere 50 Minuten backen. Zum Schluss mit einem Holzstäbchen überprüfen, ob das Brot gar ist. Bleibt kein Teig daran kleben, ist es fertig. Gut abkühlen lassen.

SÜSSE TAMALES

Schon die Mayas und Azteken haben gefüllte Tamales hergestellt. Maismehlteig wurde mit Fleisch, Fisch oder Gemüse befüllt. Tamales eigneten sich sehr gut zum Mitnehmen. Auch heute noch sind sie ein traditionelles mesoamerikanisches Gericht.

FÜR 4–6 PERSONEN

24 getrocknete Maisblätter
200 g feines Maismehl
1 TL Backpulver
Salz
70 g braunen Zucker
100 g Butter
100 g Pinienkerne
70 g Inkabeeren oder Rosinen

ZUBEREITUNG

Die getrockneten Blätter im warmen Wasser einweichen. In der Zwischenzeit das Mehl und das Backpulver in eine Schüssel sieben. Eine Prise Salz, 50 g Zucker und 75 g Butter in die Schüssel geben und mit den Händen oder Knethaken zu einem glatten Teig verarbeiten. In einer Pfanne die Pinienkerne auf niedriger Stufe ohne Fett rösten. Mit der restlichen Butter, dem Zucker und den Rosinen oder Inkabeeren vermischen. Auf ein Maisblatt jeweils ein 1 Esslöffel Teig und 1 Esslöffel Füllung geben, fest zusammendrücken und ein zweites Maisblatt darauflegen. Zu einem Päckchen wickeln und mit Küchengarn festziehen. Einen großen Topf mit etwas Wasser füllen und den Dampfeinsatz darauf legen. Die Päckchen aufrecht in den Aufsatz stellen und darauf achten, dass nicht zu viel Wasser im Topf ist. Nun bei niedriger Temperatur mit Deckel etwa 45 Minuten dämpfen.

CRANBERRY-KRAPFEN

Die Ureinwohner Nordamerikas nutzten die Beere nicht nur als Nahrungsmittel, sondern auch zur Heilung. Wunden wurden mit dem Saft der Cranberrys ausgewaschen und es gab Cranberry-Umschläge, um Gift aus Pfeilwunden zu ziehen.

FÜR 4 PERSONEN

250 g frische Cranberrys
375 g Mehl
100 g Zucker
1 ¼ TL Backpulver
3 Eier

AUSSERDEM

Öl zum Ausbacken

ZUBEREITUNG

Die Cranberrys waschen und abtrocknen. In eine Schüssel Mehl, Zucker und Backpulver geben und alles gut vermischen. 110 ml Wasser in einer anderen Schüssel zusammen mit den Eiern schaumig schlagen und zum Mehl dazugeben. Gemeinsam mit den Cranberrys gut einrühren. In einer schweren Pfanne etwas Öl erhitzen. Ein Holzstäbchen nehmen und ins Öl halten. Wenn kleine Bläschen zu sehen sind, ist das Öl heiß genug. Mit einem Esslöffel den Teig in die Pfanne geben und von jeder Seite kurz anbraten, bis die Küchlein gleichmäßig braun sind. Auf einem Küchenpapier abtropfen lassen und servieren.

REGISTER

ÜBER DIE AUTORIN

Karolina Przybylska lebt und arbeitet als junge Foodfotografin im Ruhrgebiet. Während einer Reise nach Prag ließ sie sich in einem Restaurant von der authentisch amerikanischen Küche inspirieren. Die Freude am Kochen und Reisen kombinierte sie mit ihrer Leidenschaft für die Fotografie. So entstand ein außergewöhnliches Kochbuch.

IMPRESSUM

Bibliografische Information der Deutschen Bibliothek.

Die Deutsche Bibliothek verzeichnet diese Publikation in der deutschen Nationalbibliografie.

Detaillierte bibliografische Daten sind im Internet über http://www.d-nb.de/ abrufbar.

EIN BUCH DER EDITION MICHAEL FISCHER

1. Auflage 2017

Covergestaltung, Layout und Satz: Bernadett Linseisen

Redaktion und Lektorat: Juliane Rottach

Fotografien und Texte: Karolina Przybylska

ISBN 978-3-86355-659-4

Printed in Slovakia

www.emf-verlag.de